AF403082

PROPOSITION DE LOI

POUR

LA CONVERSION

DES

RENTES 4 $\frac{1}{2}$, 4 ET 3 POUR CENT

EN RENTES 5 POUR CENT

NON REMBOURSABLES PENDANT VINGT ANS.

PAR **M. MARCESCHEAU**, CONSUL,

ANCIEN ÉLÈVE DE L'ÉCOLE POLYTECHNIQUE.

« Ne doivent-ils pas tous, au contraire, se concerter
« amiablement pour modifier leurs engagemens en
« vue de l'avantage commun ? »

*(Opinion d'un pauvre Diable sur le rembour-
sement des Rentes , page 20.)*

A PARIS,

CHEZ DELAUNAY, LIBRAIRE,

AU PALAIS-ROYAL.

—

JUIN 1838.

Le désir de ne pas paraître inconséquent dans mes résolutions me fait, je crois, une nécessité de déclarer pourquoi l'auteur de l'*Opinion d'un pauvre Diable* cesse de garder l'anonyme. Toutes les considérations qui m'y avaient déterminé ont cédé à celle-ci : quand on présente aux pouvoirs de son pays et à tous ses concitoyens, dans une question aussi grave, une solution neuve dont les résultats peuvent avoir autant d'influence sur le présent et l'avenir, on doit assumer la responsabilité de sa proposition.

A MESSIEURS

LES PAIRS DE FRANCE.

Votre sagesse étant appelée à prononcer sur le mérite du projet de remboursement ou de réduction des rentes *cinq pour cent*, produit du droit d'initiative de l'autre Chambre, vous voudrez bien peut-être accorder quelque attention à un nouvel écrivain, qui a trouvé sa vocation dans un amour ardent et sincère du bien public et de la vérité. Il doit à ces deux sentimens, qui inspirent presque toujours bien, l'honneur d'avoir vu les défenseurs des vrais principes de crédit public l'accueillir dans leurs rangs avec une grande bienveillance. Voilà le titre de recommandation sur lequel il fonde l'espoir d'obtenir l'audience qu'il vous demande.

Avant d'aller plus loin, il est à propos, je crois, de vous soumettre l'idée que je me fais de la part légitime et nécessaire d'influence que doivent exercer sur les délibérations parlementaires les publications relatives aux matières qui en sont l'objet. Quel que soit le nombre d'hommes éminens qu'elles comptent dans leur sein, les assemblées législatives semblent être dans une condition à peu près semblable à celle de tout homme obligé de prendre une détermination grave dans un temps donné. Tout éclairé que vous le supposiez, s'il a des occupations nombreuses et variées, il ne peut faire autrement, dans une foule de circonstances, que de s'en rapporter aux connaissances de son époque, même quand il les croirait imparfaites et peu sûres, parce qu'il lui manque le loisir de les perfectionner par ses propres recherches. Si alors quelques personnes, moins préoccupées de soins divers, et habituellement livrées à quelque étude spéciale, viennent à communiquer au public le résultat de leurs veilles, la prudence conseille à l'homme éclairé dont je parle de chercher à savoir s'il y a là quelque vérité nouvelle ou mieux mise en lumière, afin d'en tenir compte dans ses résolutions. Pour une assemblée appelée à imposer des lois, le même soin ne peut-il pas être considéré comme quelque chose de plus qu'une sage précaution?

A la fin d'avril, j'ai pris la liberté de faire distribuer aux Membres des deux Chambres un projet de loi que j'avais rédigé à la hâte dans le but principal d'avoir une base sur laquelle on pût asseoir la démonstration du préjudice énorme que la conversion du *cinq* en *trois et demi pour cent* causerait aux contribuables. Depuis lors, affermi dans mes convictions par d'imposans suffrages, éclairé par les débats qui ont déjà eu lieu, et par une étude persévérante, je me suis efforcé de trouver une combinaison qui fût une application aussi rigoureuse que possible, à la situation présente, des principes que j'ai posés dans mon premier écrit [1]. Cette situation, la voici :

Quelque bizarre et préjudiciable au Trésor qu'ait été et que soit encore la règle imposée par les lois de 1825 et 1833 à l'action de l'amortissement sur chaque fonds, on ne peut méconnaître que la diversité de condition qui en résulte pour chacun d'eux constitue, en faveur du *trois pour cent* et du *quatre pour cent*, un privilége d'origine, qui consiste dans l'obligation de la caisse de donner, pour une partie de rente de 3 fr., jusqu'à 100 fr. dans le premier de ces deux fonds, et jusqu'à 75 fr. dans le deuxième. Il faut bien respecter un privilége qui, pour les porteurs de *trois pour cent*, a été le motif et le prix du sacrifice volontaire fait par eux, à la voix de l'État, d'un cinquième de leur revenu. On ne saurait non plus manquer à l'engagement de donner jusqu'à 100 fr. d'une rente de 4 fr. qui en a procuré plus de 102 au Trésor; car ces avantages sont réels en raison de ce qu'ils sont exclusifs et attribués à deux masses de rente,

[1] *Opinion d'un pauvre Diable sur le Remboursement des Rentes.* In-8°, chez Delaunay.

dont l'une, décuple de l'autre [1], n'est cependant pas tout-à-fait le cinquième de la masse des rentes *cinq pour cent*. Celle-ci, au contraire, en raison même de son importance, se ressentirait à peine de l'abolition du privilége dont jouissent les deux autres, et si on la délivrait de la crainte d'un remboursement impraticable, elle s'élèverait d'elle-même au niveau marqué par le taux général de l'intérêt, sans avoir besoin du secours de l'amortissement, qui n'aurait sur les prix de vente qu'une influence presque insensible, tandis qu'il deviendrait pour les contribuables une charge très lourde, même après une réduction dans le montant de la somme portée sur chaque inscription de ce nom. A l'égard des rentes *quatre et demi pour cent*, si l'État voulait user de la faculté qu'il tient et des termes de la loi du 1er mai 1825 répétés au frontispice des titres, et de l'expiration du délai stipulé, il n'aurait à payer qu'environ 20 millions dont les fonds sont faits à la Caisse d'amortissement. Mais ce serait une très mauvaise opération financière, comme j'espère en convaincre les personnes qui en douteraient encore, si elles prennent la peine de pousser la lecture jusqu'au bout. Quant aux porteurs d'effets de cette espèce, le remboursement, la

[1] Dans ces calculs, déduction est faite des rentes inscrites au nom de la Caisse d'amortissement et de celle des dépôts et consignations comme curatrice des Caisses d'épargne.

réduction d'intérêt, et le *statu quo*, sont trois périls entre lesquels il leur serait difficile de bien choisir. Il n'est pas moins évident que le crédit public a beaucoup à souffrir de l'état de malaise et d'incertitude produit par les causes que je viens d'analyser. Il y a donc, pour tous les intérêts qui se rattachent à notre dette perpétuelle, des motifs graves de désirer une transaction en ce qui regarde les quatre fonds dont elle se compose. C'est ce que j'avais entrevu lorsque je disais, page 20 de l'écrit déjà cité : « Ne doivent-ils pas tous, au contraire, se con-« certer amiablement pour modifier leurs enga-« gemens en vue de l'avantage commun? » C'est sous l'inspiration de cette idée qu'a été conçu le plan que j'ai à vous soumettre; mais avant de le placer sous vos yeux, il est essentiel de jeter un coup d'œil rapide sur l'état présent de notre législation et sur les phases par lesquelles elle a passé pour y arriver; d'examiner ensuite la situation parlementaire; et enfin, de démontrer combien est à redouter, pour tous les intérêts, l'adoption du projet officiel dont vous avez à vous occuper.

On sait que les rentes perpétuelles, par suite d'une intention formelle bien calculée, ont d'abord été inscrites sans aucune mention de capital; que plus tard, pour masquer une banque-route, on fit une liquidation en prenant pour base

une valeur capitale de 100 fr. par 5 fr. de rente,
ce qui, en ce temps-là, était le plus haut prix
qu'on en pût donner ; c'était pour l'époque la
même chose que si à présent on liquidait sur le
pied de 125 fr. Plus tard, dans l'intention de relever le cours des effets publics, on les appela du
nom qui indiquait le plus haut prix qu'il fût
possible de leur souhaiter alors, et l'on affecta
à leur rachat des fonds suffisans pour que l'État
fût en mesure d'en donner ce plus haut prix. Si
ce résultat ne fut pas obtenu, c'est qu'on dé-
tourna ces affectations de leur usage. En 1816,
quand on fonda sérieusement la Caisse d'amortissement, on ne songea pas, pour des raisons déjà
expliquées, à poser de limite à ses rachats ; aussi
en 1824 et 1825 paya-t-elle au-delà de 103 fr.
pour 5 fr. de rente. Intervint la loi du 1er mai
1825 qui donna un sens légal à l'expression
5 pour cent et à celles qu'elle créa de 4 $\frac{1}{2}$ pour
cent, et de 3 pour cent, et à toutes autres déno-
minations semblables, en déclarant que le Trésor ne serait pas obligé de racheter une rente
quand on en demanderait un prix plus élevé que
celui indiqué par le rapport numérique dont elle
tirait son nom. J'ai expliqué ailleurs pour quels
motifs on avait introduit cette innovation. Tout
ce qu'on peut faire, est d'admettre que celui de
soulager les contribuables ait été du nombre,
quoiqu'on ait vu que jusqu'au 1er juillet 1833 la

règle a été appliquée de manière à produire un résultat opposé. Enfin, depuis cette dernière époque, on a amélioré le sort des contribuables en ce qui concerne l'usage des fonds affectés à l'amortissement, mais en même temps on a porté un coup funeste au crédit public en introduisant dans la loi la mention de la faculté de rembourser. Ainsi, de ce qu'en 1825 on avait annoncé aux rentiers que le Trésor ne rachèterait plus leurs inscriptions quand elles vaudraient plus de 100 fr., on a, en 1833, dans une loi postérieure à toutes les émissions de rentes, déduit pour le Trésor la faculté de les leur reprendre de force, moyennant paiement de ce capital nominal, et implicitement celle de les empêcher d'obtenir, des inscriptions autres que celles intitulées 3 pour cent, les prix auxquels elles auraient dû atteindre en raison de l'abaissement du taux de l'intérêt. C'était une conclusion bien forcée et bien préjudiciable à tous les intérêts dont se forme celui de l'État. Heureusement on eut la précaution d'insérer à côté de cette clause la réserve qu'aucun remboursement n'aurait lieu qu'en vertu d'une loi spéciale. C'est une loi de cette nature, Messieurs les Pairs, que vous êtes appelés à discuter, et qu'une longue expérience des affaires et une froide raison vous feront rejeter, je l'espère, pour l'honneur et la prospérité de notre patrie. Qu'y aurait-il de plus déplorable, en effet, que

de voir admettre dans notre législation deux principes à la fois aussi désastreux dans le présent,
aussi menaçans pour l'avenir, aussi iniques envers le passé que ceux du remboursement ou de la
réduction des rentes perpétuelles ?

Quand je songe à l'évidence des raisons qui
obligent à caractériser ainsi le projet dont il
s'agit, je ne sais plus comment m'expliquer le
fait qu'il est sorti du sein d'une assemblée d'élus
du peuple. Celui qui entreprendra d'écrire notre
histoire parlementaire nous révélera sans doute
par quelle combinaison d'idées et de circonstances il est arrivé que tant d'hommes, connus
de leurs contemporains pour avoir fait de l'art
du calcul un usage si fructueux pour eux-mêmes
et souvent si profitable à leur pays, se soient
complétement trompés sur les résultats d'une
opération financière ; que tant d'esprits distingués
se soient laissés circonvenir par des préjugés vul-
gaires au point de rester inaccessibles aux dé-
monstrations les plus claires de l'arithmétique,
et de fermer les yeux afin de persister dans l'erreur ; que tant de législateurs habitués à un res-
pect religieux pour le principe fondamental de
non-rétroactivité, que tant de jurisconsultes ha-
biles à défendre et à faire triompher la foi des
contrats, aient foulé l'un et l'autre aux pieds ;
qu'ils aient pris tant de peine pour faire adopter
un principe financier, tant de soins pour le for-

muler clairement, sans voir dans cette peine et dans ces soins même une preuve positive qu'on n'a pas le droit d'en faire, à des transactions passées, une application dommageable à l'une des parties contractantes.

Mais il ne peut pas vous suffire, Messieurs les Pairs, de déclarer que tout plan fondé sur l'alternative d'un remboursement ou d'une réduction d'intérêt doit être repoussé comme radicalement mauvais sous toutes les faces. Un rejet pur et simple ne ferait qu'ajourner de quelques mois la crise en ce qui concerne la dette actuelle, et laisserait les rentiers, les contribuables et le crédit public dans une situation extrêmement fâcheuse, dont voici un aperçu : le cours des rentes ne saurait plus sur quoi se régler, il flotterait au gré du hasard, des manœuvres de l'agiotage, des caprices de l'imagination, car on serait dans un défilé sans issue, entre deux pouvoirs égaux, dont l'un croirait que sa prérogative est intéressée à faire adopter un remède bien pire que le mal, et dont l'autre se serait contenté de le désapprouver sans en proposer aucun. De la sorte, les contribuables continueraient à consacrer à l'amortissement 20 millions et plus encore probablement, sans utilité pour le crédit. Les porteurs d'effets publics éprouveraient les plus grands embarras dans le gouvernement de leur fortune, la plupart fort modiques; et si le Trésor se voyait dans la nécessité de recourir à des capitalistes, comment ferait-il une négociation avantageuse en l'absence de toute base fixe et de tout principe reconnu ?

Enfin, s'il m'est permis de jeter en passant un coup d'œil sur la situation politique, n'est-il pas à peu près hors de doute que la position respective des deux Chambres serait une cause de graves embarras après un vote purement négatif, quand il y a évidemment un grave désordre à réparer ? La proposition par l'une, d'une solution différente de celle proposée par l'autre, n'étant qu'une conséquence naturelle de l'indépendance de chacun des deux pouvoirs, ne pourrait amener de collision entre eux, puisque chacun d'eux aurait eu à son tour, dans la même question, l'occasion d'exercer son droit d'initiative et son droit de révision.

Dans cet état de choses, permettez-moi, Messieurs les Pairs, d'insister pour que vous preniez une connaissance approfondie du système auquel je me suis arrêté, et des motifs qui le recommandent à votre adoption et à celle des autres branches du pouvoir législatif. Quelques personnes m'ont objecté que, tout en le trouvant propre à satisfaire tous les intérêts, elles ne sauraient partager mon espoir de le voir accueilli par la même majorité qui s'est déclarée pour une réduction d'intérêt dont il ajourne la possibilité à vingt ans. Pour moi, j'ai une foi plus robuste dans les ressources de notre forme de gouvernement. Une doctrine vraie y conserve toujours de nombreuses chances en sa faveur, tant qu'elle a pour auxiliaires le temps, la réflexion, une discussion sérieuse et le bon sens national. Elle en a davantage encore lorsqu'elle s'appuie sur des calculs dont l'exactitude peut être vérifiée par des millions de personnes. La Chambre élective voulait absolument sortir de l'impasse où l'on est engagé. Elle n'a pu choisir que parmi les plans régulièrement soumis à son examen, et a donné la préférence au moins mauvais. Celui que je désire lui voir substituer, eût-il été produit à la tribune, y aurait alors paru avec désavantage. Il n'aurait eu que quelques heures pour détruire des préjugés anciens, pour changer des adversaires en partisans, pour obtenir que le système de réduction, si chaudement soutenu par des hommes marquans, abandonnât la partie sans avoir passé par toutes les épreuves. Mais je suppose qu'un projet évidemment avantageux soit, après une discussion savante et lumineuse, adopté par la Chambre des Pairs, il ne pourra manquer, en arrivant dans l'autre, d'y devenir l'objet d'un examen approfondi et d'une discussion grave à la suite desquels il m'est impossible d'imaginer que l'obstination et un faux amour-propre dictent la décision. Je ne puis admettre

que des vérités palpables, présentées sous les aus-
pices d'un vote solennel et d'une éloquente et
solide argumentation, trouvent deux cent cin-
quante et un Députés déterminés à ne rien enten-
dre, à ne rien comprendre, à ne rien céder à la
voix de la raison. Eh quoi! dans ce nombre,
toutes les consciences qui avaient été rassurées sur
la légalité et sur l'utilité de la mesure par la foi
hautement proclamée des uns et par le découra-
gement des autres, se montreraient complète-
ment insensibles aux preuves les plus claires de
l'erreur où elles ont été entraînées, ou, tout en
se l'avouant à elles-mêmes, y persisteraient par
de pures considérations de parti ou de vanité! Et
des hommes justement renommés parmi nous
par de grands talens et par de grands services,
mettraient leur gloire à nier l'évidence au lieu
de la confesser! et l'opinion publique aurait as-
sisté à une lutte en règle de deux systèmes opposés, sans s'éclairer, sans discerner celui qui est
le plus avantageux à tout le monde! Non, c'est
impossible. J'ai confiance dans l'ascendant de la
vérité appuyée sur des calculs intelligibles pour
tous, dans le bon sens des masses, dans la haute
intelligence et l'expérience consommée des prin-
cipaux adversaires des saines doctrines; enfin,
dans le patriotisme des législateurs électifs, qui
savent bien, comme l'a dit l'un d'eux, que leur
mission est de suivre le progrès des lumières,

et de faire tourner au profit de la nation le per-
fectionnement de leurs connaissances. Et s'il
était vrai que, dans le premier moment, la question n'eût pas été jugée sur ses propres mérites;
qu'on ne l'eût considérée que comme un terrain
convenable pour y vider une querelle politique,
on aura eu le temps de trouver d'autres arènes,
et la réflexion aura fait reconnaître que le champ
du grand-livre est un enclos sacré qui ne doit
pas être moins respecté des partis qu'il ne l'a
été, depuis 1814, des étrangers et des révolu-
tions.

Il n'y a pas non plus à se préoccuper de cette
assertion : « La France le veut. » Des questions
de science ou d'art ne se décident pas par la
volonté nationale. La France n'a jamais songé a
prescrire à un amiral, à un général, à un médecin, à un astronome, de faire faire à la flotte
telle évolution, de préférer tel ordre de ba-
taille, d'ordonner tel traitement, ou d'annon-
cer une éclipse pour tel jour. Ce qu'elle peut
vouloir et ce qu'elle veut, c'est que les personnes à qui elle confie le soin de résoudre,
remplissent ce mandat de la patrie en leur âme
et conscience, et avec toute l'habileté qu'elle est
en droit d'exiger de ceux qui l'acceptent. Et en
ce qui concerne la question des rentes, si les
débats parlementaires portent les calculs que je
vous présente à la connaissance de tous mes

concitoyens, ils comprendront sans peine que, loin d'avoir un intérêt actuel à voir proclamer et appliquer le principe du remboursement ou de la réduction des rentes, ils doivent, fût-il dans l'intérêt de l'avenir, désirer pour eux-mêmes l'ajournement d'opérations qui, dans le présent, auraient pour conséquence d'aggraver les impôts ou de s'opposer à des dégrèvemens possibles.

Ainsi la question est encore entière; il ne s'agit plus que d'en chercher la meilleure solution. Commençons par bien établir ce que demandent les deux opinions adverses.

Que se proposent les partisans de la doctrine du remboursement? Suivant ce qu'ils déclarent, ce n'est pas d'éteindre la rente par le paiement d'un capital, puisqu'ils craignent et cherchent à éviter un déclassement; mais c'est d'amener les rentiers à consentir une réduction d'intérêt, et d'arriver par cette réduction à une atténuation de plusieurs millions dans les charges annuelles des contribuables, et à une situation financière qui facilite les moyens de pourvoir aux nouveaux besoins de l'État. Qu'on me permette de noter en passant qu'on a pris là un détour inutile et dangereux. Il était beaucoup plus clair, plus loyal et plus avantageux de déclarer la rente réductible, tel cas advenant. Quoi qu'il en soit, ce qu'on a cherché, dit-on, c'est un moyen d'économie.

Qu'ont voulu ceux qui, en votant la loi de 1825, n'ont pas entrevu l'intention qu'on leur cachait de favoriser les nouvelles rentes aux dépens de l'ancienne? Qu'ont voulu les auteurs de la loi de 1833, en mettant un terme aux prodigalités de l'amortissement envers le *trois pour cent?* Les uns et les autres ont eu pour but d'empêcher que le prix trop élevé des rachats ne les rendît plus onéreux que profitables à l'État.

Et l'opinion opposée, pour quels motifs combat-elle le système du remboursement et de la réduction d'intérêt? Ce n'est pas seulement qu'elle partage avec l'autre la crainte d'un déclassement, et qu'elle regarde en outre le Trésor comme étant dans l'impuissance d'entreprendre l'opération du remboursement sans avoir recours à des moyens réprouvés par la loyauté et par l'esprit de justice distributive ; c'est aussi avant tout pour conserver aux porteurs des effets de l'État la jouissance intégrale du revenu qu'elle le regarde comme engagé à servir à tous ceux dont il ne les aura pas rachetés sur leur proposition. En second lieu, elle veut leur rendre la liberté de les vendre au plus haut prix qu'ils en pourront trouver, et en troisième lieu délivrer le crédit public des inquiétudes et des obstacles réels qui gênent son libre développement, dont l'État et les contribuables retireraient d'importans et nombreux avantages, qu'on trouvera succinctement énumérés dans un Tableau placé à la fin de cet écrit. A ce sujet, je ne dois pas manquer de réfuter ici une assertion que j'ai entendue avec surprise de la bouche d'un habile économiste. Selon lui, laisser les rentiers profiter de l'accroissement spontané que prendrait la valeur capitale de leurs inscriptions, si on les déclarait non remboursables, ce serait leur faire un cadeau. Or, une personne que je connais possède une rente sur l'État et une ferme acquises toutes deux à la même époque au prix de 50,000 fr.; la rente était et est toujours de 4,000 fr., et l'on veut absolument que le possesseur se résigne à cette alternative de recevoir à titre de remboursement une somme de 80,000 fr., ou de ne plus toucher annuellement que 3,600 fr. au plus. Quant à la ferme, le revenu net en était de 3,000 fr.; il s'est élevé à 5,000 fr. au renouvellement du bail, et la valeur vénale des propriétés se calculant dans cette localité sur le pied de 2 $\frac{1}{2}$ pour cent, elle se vendrait aisément *deux cent* mille francs, sans que personne, que je sache, osât émettre l'avis de faire une loi pour priver le même propriétaire de la plus mince portion de ce fermage ou pour l'empêcher de vendre sa ferme plus de cent *quatre-vingt-dix-neuf* mille francs. Les conséquences de ce fait se présentent d'elles-mêmes.

Voyons maintenant à quoi satisfait le projet officiel. Ce n'est assurément point aux intérêts des porteurs d'inscriptions; il est au contraire basé non seulement sur la réduction de leur revenu, mais sur l'amoindrissement de leur capital, car si, comme on le prétend pour motiver la conversion, l'intérêt est à 4 pour cent, une rente de 5 fr. en vaut naturellement 125 fr., et si celui qui la possède ne trouve pas à la vendre ce prix-là, c'est uniquement parce qu'on menace le cessionnaire de la lui prendre pour un prix moindre ou de ne lui payer qu'une moindre rente; et si, après la conversion, son titre affranchi pour long-temps de toute crainte de tentatives semblables à celles qui l'ont déprécié auparavant, acquiert la valeur vénale qui résulte du taux général de l'intérêt, cette valeur n'en sera pas moins calculée sur le pied d'un revenu réduit, et proportionnellement inférieure à celle que ce titre aurait eu avant la conversion si elle n'avait pas dû avoir lieu. Toute opération de ce genre, de quelque manière qu'on la combine, aura donc le double effet de causer une perte de revenu et une perte de capital. Si en ce moment-ci même les inscriptions 5 pour cent se vendent à un cours intermédiaire entre 100 fr. et 125 fr., c'est que le principe de la conversion paraissant devoir être définitivement admis ou rejeté, il y a pari. Ceux qui espèrent, achètent la partie de ceux qui craignent. Il y aura donc toujours, pendant l'expectative d'une conversion, diminution provisoire de la masse générale des capitaux, et diminution définitive après la conversion consommée. En même temps le crédit public aura reçu une atteinte dont le contre-coup sera ressenti par toutes les industries, par toutes les entreprises nationales ou particulières, car la réduction des rentes amènera à sa suite la cherté des capitaux, et celle-ci des augmentations d'impôts. Que l'État, au contraire, renonce hautement à la réduction, les capitaux s'offriront à bon marché et l'impôt sera restreint aux proportions strictement nécessaires pour en servir l'intérêt.

Je vais tâcher de rendre ces vérités sensibles. Vous vous souvenez qu'en 1830 des rentes 4 pour cent ont été négociées à plus de 102 fr.; sera-t-il possible, après une conversion, de voir se reproduire un pareil fait? Loin de là, et l'on en est convenu, il faudra, pour accommoder les capitalistes, ou, ce qui revient au même, pour trouver des capitaux, laisser une marge au-dessous du pair; j'ajouterai qu'elle devra être fort large, c'est-à-dire qu'on sera obligé de constituer les rentes à un taux nominal d'intérêt fort bas, sous le nom de 3 $\frac{1}{2}$ par exemple; et si dans le moment où l'on aura besoin de fonds, de 100 millions, je suppose, le cours habituel du 3 pour cent est de 75, et conséquemment l'intérêt à 4 pour cent, on s'esti-

mera heureux de placer le 3 ½ à 84, car il faut
à toute compagnie contractante une porte pour
dégager promptement ses capitaux ; c'est-à-dire
qu'on aura à créer 4,166,666 fr. de rente, et
à doter immédiatement l'amortissement d'un
revenu effectif d'au moins 1,190,476 fr., qui
serait totalement dépensé chaque année ; ce
qui, tout compte fait, porterait l'accroissement
d'impôt à 5,357,142 fr. 85 c. pendant une période de soixante-quinze ans [1], si l'on estime
à 75 fr. le cours moyen du 3 ½ pendant cette
période (soit à 107 fr. 15 c. pour 5 fr.). Ad-
mettez, au contraire, que la négociation ait
lieu en 5 pour 100 non remboursable, au cours
pareil de 120 fr. (ce qui laisserait 5 fr. de marge !),
la rente serait la même ; mais on aurait chaque
année demandé aux contribuables 1,190,476 fr.
de moins qui auraient fructifié entre leurs mains.
Or, notez bien qu'une émission de 3 ½ pour cent
est une renonciation indirecte à la faculté de
rembourser ou de réduire la rente. Mais si, pour
se ménager l'occasion de l'exercer de nouveau,
on émettait du 4 pour cent, il est évident qu'on
n'obtiendrait plus 96 fr. pour 4 fr. (équivalent
de 84 fr. pour 3 fr. 50 c.) ; on serait trop près
de la fatale limite ; il n'y aurait en effet que des
chances de perte sur le capital : perte dans les

---

[1] En supposant l'annulation successive des rentes rachetées.

temps difficiles par la hausse de l'intérêt ; perte quand reviendrait l'abondance du numéraire, par l'exercice, de la part de l'État, du droit de réduction ; car la faculté de rembourser par séries et par voie d'emprunts n'est pas autre chose. L'avenir ne présentant que des risques sans compensation, les capitalistes ne pourraient calculer que sur le gain du moment, et la meilleure offre, si je ne me trompe, ne saurait dépasser 90 fr. Ce serait donc, pour 'avoir 100 millions, une rente à créer, de.................... 4,444,444 fr. une somme annuelle à dépenser en rachats, de................ 1,111,111

---

et un impôt à établir, de....... 5,555,555 fr. c'est-à-dire une somme de 1,555,555 fr. à demander aux contribuables en sus du revenu à 4 pour cent d'un capital de 100 millions.

Ainsi la situation que nous prépare le projet officiel, loin d'être favorable aux négociations à venir, les rendra nécessairement désavantageuses; ainsi, non seulement il lésera tous les intérêts que ses adversaires ont à cœur de défendre, mais vous venez de voir qu'il aura dans l'avenir des effets tout opposés à ceux qu'on s'en promet. Il en sera de même dans le présent. Dans un système faux en principe, rien ne tourne à bien, même ce qui est dicté par les meilleures intentions. En vain, par la création de divers fonds destinés

à être livrés les uns à 100 fr., les autres au-
dessous de 100 fr., espère-t-on satisfaire aux
convenances des rentiers à qui le revenu importe plus que le capital, et de ceux qui ont la
préférence inverse. Les porteurs d'inscriptions
ne se divisent point en deux classes constamment
distinctes. Il suffit d'un décès, d'un mariage,
d'un changement inattendu de position pour
susciter le besoin de retirer un titre de la circulation ou de l'y remettre; il est donc nécessaire
que chaque titre se prête également bien à l'un
comme à l'autre usage; en dépouillant les inscriptions de cette propriété essentielle, on les
aurait dénaturées. Et c'est pour arriver à un tel
résultat qu'on aurait perpétué l'étrange abus de
faire donner en même temps par le Trésor dif-
férens prix d'une même somme de rente!

Quelle que soit parmi les combinaisons possibles celle que l'on adopte, elle n'atteindrait
pas mieux le but de procurer un soulagement
aux contribuables. Tout au contraire, leurs intérêts sont complétement sacrifiés dans le présent et dans l'avenir; le temps ne fera que
multiplier leurs pertes. Les Tableaux que je
vous présente, Messieurs les Pairs, à la suite de
cet écrit, démontrent cette assertion avec toute
l'évidence que comporte le calcul. Je suis sur-
pris, je l'avoue, d'avoir eu à les dresser; c'est
une étude qui aurait dû précéder toute proposition. Avant de s'engager dans une spéculation,

on ne manque pas, dans le temps où nous sommes, de dresser un aperçu des charges et des produits, afin d'apprécier avec quelque certitude les résultats qu'elle doit donner ; et quand on a des co-intéressés, on leur communique ce devis avec toutes les annotations nécessaires, afin de les mettre en état de juger par eux-mêmes. Je ne vois pas pourquoi on a cru pouvoir agir moins prudemment dans une affaire où l'État, ses créanciers, son crédit, sa fortune et celle des contribuables présens et futurs, sa puissance commerciale et politique, sont aussi profondément intéressés. Ce travail, préliminaire indispensable de toute grande mesure financière de ce genre, on ne l'a pas présenté à la France, qui cependant a bien autant de droit que des actionnaires à être éclairée sur les conséquences d'une mesure qui ne peut en avoir que de très graves en bien ou en mal. S'il n'a pas été produit au grand jour, c'est, on est fondé à le croire, parce qu'il n'a pas été fait. Alors, je le demande, où a-t-on puisé la conviction que le système où l'on veut à tout prix engager son pays lui sera profitable et non ruineux ? Et s'il manque à cette conviction la première base de toutes, d'où vient qu'elle se manifeste sous la forme d'un vœu si ardent et si impérieux ?

Quoi qu'il en soit, cette œuvre essentielle qu'on a laissée à faire, je l'ai entreprise. Les documens que j'offre à l'attention de mes concitoyens sont encore bien incomplets ; je n'ai pas eu à ma disposition tout le temps, tous les matériaux, toutes les ressources nécessaires, comme les auraient eus les personnes qui leur devaient sur ce sujet tous les renseignemens désirables, et qui ont sur moi l'avantage d'une expérience consommée et d'une habileté reconnue. Néanmoins, tels qu'ils sont, ils suffiront, je l'espère, pour leur ouvrir les yeux, pour leur faire apercevoir tous les dangers de la route où l'on veut les engager, et pour leur donner la certitude que le bon chemin est celui que je leur signale, celui où la bonne foi, où l'honneur national les convient d'entrer, celui enfin, je le déclare en mon âme et conscience, à la face de mon pays, qui seul mène sûrement à un avenir toujours plus prospère, toujours plus à l'abri des vicissitudes qui compromettent l'indépendance ou la sécurité des peuples.

Voici, Messieurs, le plan que j'ai suivi : afin d'avoir un point de départ certain et authentique, et d'offrir des résultats d'où puissent être déduits ceux de l'opération future à l'aide de simples calculs de proportion, je me suis placé dans la situation où l'on était au 1er janvier de cette année, et j'ai figuré une opération de remboursement et de conversion, d'après un mode qui remplit toutes les conditions imposées par le projet officiel. Je ne me flatte pas d'avoir ren-

contré la combinaison qui mériterait la préférence de la part du Ministre chargé de l'exécution ; mais vous reconnaîtrez probablement que
celle-là ne pourra pas, quelle qu'elle soit, avoir
pour les rentiers et pour les contribuables des
résultats sensiblement plus avantageux que celle
prise pour base de mes calculs, et que la diffé-
rence, en tout cas, ne saurait être de nature à
invalider les conclusions auxquelles ces calculs
conduisent inévitablement. Cela fait, j'ai pro-
cédé, d'après les règles établies par le projet et
par les lois existantes, à la répartition des fonds
d'amortissement entre les fonds anciens et nouveaux, à la formation de la réserve, enfin à
l'emploi des deniers de la caisse en rachats jour-
naliers à un cours moyen dont le choix est jus-
tifié dans les notes explicatives, et pendant la
période nécessaire pour arriver à l'amortissement
complet de celui des deux nouveaux fonds que j'ai
supposé créé en faveur des personnes qui préfè-
rent l'élévation du capital à celle du revenu.
Cette période s'est trouvée être de vingt-six ans
et presque onze mois, pendant lesquels les contribuables auraient à débourser 5,092,734,498 fr.
(déduction faite du montant des arrérages épar-
gnés par suite de la réduction et de l'extinction du fonds appelé 3 pour cent), et à perdre
en intérêts qu'aurait produits ladite somme laissée entre leurs mains, celle de 2,912,242,053 fr.

Le plan que je vais bientôt vous exposer, tout en laissant à l'État l'honneur d'une bonne foi intacte, et à ses créanciers les 20 millions de revenu qu'on leur veut enlever, enrichirait les contribuables de cette période de près de vingt-sept ans, d'une somme de 1,036,099,489 fr., produite par une remise de 612,153,996 fr. d'impôts. Bénéfice qu'ils verront s'évanouir si vous préférez un plan quelconque basé sur des principes opposés. Et cependant, Messieurs, ce solde résulte d'un établissement de compte dans lequel tous les élémens dont les pertes se composent sont évalués au plus bas, tandis que parmi les hypothèses admissibles j'ai choisi les plus propres à favoriser le succès des opérations de remboursement, de conversion et d'amortissement, ce que je ferai ressortir en détail dans les explications. Qu'il me suffise, pour le moment, d'énoncer que je suis resté de plus de 200 millions au-dessous de la limite du probable.

Je ne pourrais, sans commettre une grave omission, manquer d'appeler aussi votre attention sur un résultat funeste, dont les contribuables, c'est-à-dire les propriétaires, les producteurs et les commerçans ressentiront immédiatement le contre-coup; je veux parler d'une atténuation définitive de plus de 300 millions dans la masse générale des capitaux, qu'aurait pour effet certain la consécration des fausses doctrines. Car, si une réduction de plus de 20 millions dans le revenu des porteurs d'inscriptions ne fait que déplacer le capital correspondant, il n'en est pas de même de la déclaration que l'État se regarde comme en droit de les leur reprendre contre leur gré, au prix de 100 fr., quel que fût celui qu'ils en auraient donné. Cette maxime, une fois proclamée hautement et confirmée par l'exemple impitoyable d'une application rétroactive, ne permettra plus aux cours de s'élever sensiblement au-dessus du pair. En vain le taux de l'intérêt descendrait à $3\frac{1}{2}$, les rentes 5 pour cent non converties, les rentes $4\frac{1}{2}$ et 4 pour cent ne représenteront jamais qu'un capital de 100 fr. dans les transactions de toute nature. Il en résultera pour la société le même préjudice que si l'on enfouissait une somme de 300 millions en espèces. L'indifférence qu'on montre sur cette perte tient en grande partie à la défaveur avec laquelle on voit les rentiers, c'est-à-dire les personnes pour qui le grand-livre est un port où elles cherchent repos et sécurité. C'est un préjugé injuste, mais ce n'est pas pour cela, bien entendu, que je tiens à le combattre; c'est parce qu'il a inspiré sur la matière qui m'occupe de faux raisonnemens, dangereux dans leurs conséquences. Ainsi, l'on voit avec regret les inscriptions de rentes atteindre un haut prix; on jette un regard envieux sur des gens qui jouissent d'un

revenu exactement payé, invariable, exempt de
charges et d'embarras d'administration, quand
à ces avantages s'ajoute celui d'un accroissement
spontané dans la valeur capitale de leurs titres.
Mais c'est là s'arrêter à la superficie des choses.
L'élévation des cours est le symptôme et la mesure d'un mouvement d'espèces favorable à l'industrie et aux travailleurs. Que se passe-t-il, en
effet, quand un détenteur, à qui le prix d'ac-
quisition donne de son argent un intérêt de 5
ou de $4\frac{1}{2}$ pour cent, cherche et trouve un ache-
teur qui lui paie son inscription sur le pied de 4
pour cent? Notons d'abord que ceci ne peut avoir
lieu qu'à un moment où le taux des simples plā-
cemens convenables pour un bon père de fa-
mille ne présente guères plus d'avantage. Dès lors
pourquoi le vendeur réalise-t-il, si ce n'est pour
faire valoir lui-même ou pour livrer ses fonds à
l'industrie? On doit donc désirer qu'il vende le
plus cher possible. Et quelles mains ces fonds ont-
ils quittées pour aller à ces emplois auxquels on
s'intéresse? des mains qui apparemment ne pou-
vaient pas en faire le même usage, et dans lesquelles ils seraient restés ou improductifs ou
exposés à devenir la proie de mauvaises industries. Dans le premier cas, il y aurait eu dommage
évident pour la société; dans le second, il y aurait eu pour elle, outre le même dommage, un
autre plus grand encore; car d'un côté la fri-

ponnerie, habile à s'approprier les valeurs toutes
faites, est inhabile à en créer de nouvelles, et
de l'autre ses succès démoralisent et découragent
les producteurs. La société est donc intéressée à
ce qu'il y ait pour les détenteurs de ces espèces
un moyen sûr et à leur convenance, de les
rendre à une circulation féconde. Mais cette inap-
titude de l'acquéreur de rentes, à tirer un autre
parti de ses fonds, est-elle du moins un motif
pour qu'il mérite d'être traité avec peu de con-
sidération ? Pour en juger, remontons à la cause.
Est-il dans un âge avancé ? quoi de plus res-
pectable aux yeux d'une société, de plus encou-
rageant pour ses membres actifs, que la vue d'un
vieillard trouvant dans la jouissance paisible et
assurée du fruit de ses économies, et dans la certitude de la transmettre intacte à ses enfans, la
récompense dont la perspective a pu entretenir
chez lui l'émulation et l'esprit d'ordre ? La répro-
bation n'est-elle dirigée que contre les hommes
encore dans la force de l'âge ? mais elle tombe-
rait complétement à faux sur un médecin, un
artiste, un savant, un militaire, sur tout Fran-
çais, en un mot, livré à une profession utile et
honorable à laquelle il se doit tout entier, mais
qui ne lui offre pas l'occasion de faire valoir les
sommes qu'il possède. N'est-il pas heureux qu'il
ait un moyen de les utiliser sans être distrait de
ses devoirs et de ses travaux par le soin de sa

fortune? L'estimera-t-on moins parce qu'il en profite? laissons donc là les catégories entre concitoyens; ou, pour mieux dire, n'en reconnaissons que deux : celle des honnêtes gens et celle des gens déchus de celle-là. Les premiers ont tous leur manière d'être utiles à leurs pays, ne fût-ce que par leur exemple. Quant aux étrangers, je n'ai sans doute à les défendre d'aucun reproche pour nous apporter leurs capitaux et les fixer dans les fonds publics. Il est temps d'aborder des considérations plus générales et plus décisives, c'est-à-dire d'arriver à se faire une idée claire et précise de la nature et des effets du remboursement d'une rente perpétuelle, comme aussi de l'opération connue sous le nom d'amortissement.

Tout impôt prélevé sur un contribuable le prive à la fois et de la somme qu'il paie et de l'intérêt qu'il en aurait retiré. Si, pour contredire cette assertion, on suppose qu'au lieu de la capitaliser il l'aurait dépensée, on ne fait en réalité que substituer une personne à une autre, c'est-à-dire le contribuable qui vend à celui qui achète; la perte alors atteint le premier. Elle deviendrait tout-à-fait apparente et fort lourde, si la taxe destinée au service d'une rente était tout à coup élevée dans la proportion de celle-ci au principal. La perception pourrait même cesser d'en être possible, à moins d'un emprunt de la part du débiteur, ou de la vente d'objets qu'il possède : la première ressource, s'il l'a, lui coûte fort cher ; la seconde entraîne une destruction considérable de valeurs. Ces deux dernières circonstances rendraient désastreuse l'opération d'un remboursement, fût-elle arithmétiquement bonne en elle-même. C'est pour cela sans doute que les partisans de cette mesure ont indiqué les époques d'aisance générale comme les seules convenables pour la pratiquer. Elles auraient dû pousser le raisonnement plus loin, et en conclure qu'elle n'est praticable qu'en deux cas, savoir : 1°. si l'accroissement spontané du revenu laisse disponible un excédant de recette dont il ne soit pas nécessaire de faire réserve pour les occurrences de l'année suivante; 2°. si l'on trouve à se procurer le capital nécessaire à un taux d'intérêt qui, tous frais et faux frais comptés, amène une atténuation d'impôts. Cette condition ne peut plus être remplie une fois que tous les fonds sont constitués à un intérêt fort bas; ce mode est donc une ressource purement accidentelle.

D'après cela, en se plaçant dans un point de vue général, l'opération à analyser est celle d'un remboursement opéré avec un excédant de recette entièrement disponible. Mettons-en le chiffre à 200 millions, c'est-à-dire au cinquième du revenu d'une année. Sous une forme ou sous une autre, ce reliquat doit faire retour aux contribuables ; celui d'entre eux qui pour sa part avait payé 500 francs a droit à une restitution de 100 francs ; dans ce moment on lui propose de les employer à éteindre une rente perpétuelle sur l'État, c'est-à-dire de les placer à fonds perdu ; pour savoir si l'affaire est bonne ou mauvaise, comment comptera-t-il ? Il comparera la rente à racheter avec le fruit qu'il retirerait des 100 fr. s'ils lui étaient rendus ; si l'emploi qu'il en pourrait faire lui est plus avantageux, et qu'il faille son consentement, il le refusera ; s'il a un mandataire qui l'ait donné pour lui, il se trouvera lésé. Vous trouverez plus loin, Messieurs, quelques exemples du calcul que le contribuable aurait à faire.

L'amortissement, abstraction faite des convenances des créanciers de l'État, n'est qu'une série de remboursemens partiels, à chacun desquels s'applique un calcul semblable, mais qui diffère pourtant de l'autre en deux points essentiels ; car, d'une part, le prix du rachat n'est pas déterminé d'avance ; en outre il faut combiner les divers résultats partiels pour en trouver la moyenne. L'amortissement peut procéder de deux manières. Celle que nous avons adoptée jusqu'ici consiste à augmenter annuellement l'impôt dans une proportion donnée avec le montant de la rente à éteindre. Pour l'année 1838 cette proportion a été fixée à un peu plus de 44 pour cent du total de la dette inscrite (qui était de 163,740,958 fr.); l'autre mode, essayé ailleurs, consiste à employer les excédans de recette en rachats de gré à gré. Il servirait de peu à mon sujet de discuter le mérite relatif de ces deux pratiques. Ce qui importe, c'est d'établir que d'une façon ou de l'autre l'amortissement ne peut être profitable qu'aux mêmes conditions que le remboursement, sur lequel il a toutefois un énorme avantage aux yeux du contribuable, celui de répartir la charge sur un bien plus grand nombre d'années, et de la rendre ainsi beaucoup plus légère pour chacune d'elles.

Ici se place naturellement une remarque essentielle nécessaire pour compléter l'idée qu'on doit se faire des effets du remboursement et de l'amortissement : c'est que dans l'hypothèse même où ces opérations sont faites dans les conditions convenables pour qu'en fin de compte elles soient profitables, le bénéfice ne s'en réalise qu'après une longue suite d'années, comme le montre au premier coup d'œil le tableau où sont rassemblés quelques exemples simples de ces calculs. On y voit entre autres qu'une somme de 100 fr. retirée d'un placement à 4 pour cent pour servir au remboursement d'une rente de 5 fr. ne serait regagnée qu'après un intervalle d'un peu plus de quatre-vingt-seize ans [1]. Ainsi,

---

[1] En supposant la rente de 4 francs servie par année, et les placemens successifs faits aux mêmes intervalles.

il y aurait gain réel d'un franc pour le contribuable qui survivrait quatre-vingt-dix-neuf ans
à l'opération, pourvu toutefois que l'État ou lui
n'eussent pas trouvé pendant tout ce temps à
faire un meilleur emploi des 100 fr. Mais il y a
peu de contribuables qui puissent se promettre
de recueillir un fruit si lent à mûrir. C'est ce
qui me justifie d'avoir dit que les remboursemens partiels doivent être beaucoup plus du goût
du grand nombre ; si même la dotation annuelle
n'était que de 1 pour cent du capital nominal
et le cours moyen du 5 pour cent, de 100 fr.,
l'amortissement serait également préférable pour
les centenaires ; car après avoir déboursé en 46
ans, outre 184 francs fournis par leur placement à 4 pour cent, à peu près une somme de
138 francs pour le service et l'amortissement
complet de la rente, à raison de 1 fr. 50 cent.
par semestre, ce qui leur aurait laissé la jouissance de chaque quatre-vingt-douzième jusqu'à
son échéance, ils seraient déjà, depuis une
quinzaine d'années, rentrés dans leurs déboursés, et en possession de faire à chaque semestre une épargne effective de 50 centimes. Au
reste, Messieurs, le tableau des résultats que
donnerait le projet officiel, a fourni les matériaux d'une démonstration claire des effets de
l'amortissement ; les voici : Au bout de la période de 27 ans, il aura fait dépenser aux contri-

buables 1 milliard 662 $\frac{1}{2}$ millions de plus que ne le ferait le système de n'opérer de rachat d'aucune espèce ; or ce capital représente, à 4 pour cent, un revenu de 66 $\frac{1}{2}$ millions, tandis qu'on en aurait amorti un de 57 millions seulement, c'est-à-dire 9 $\frac{1}{2}$ de moins.

Tous ces résultats, Messieurs les Pairs, m'ont trop confirmé la solidité des principes défendus dans mon premier écrit, pour ne pas m'enhardir à en proposer l'application immédiate, dans la forme d'un projet de loi que je prends la liberté de recommander à votre sérieuse attention, et dont les motifs généraux vous ont été suffisamment expliqués, je pense, par les considérations qui précèdent.

Il ne me restera plus qu'à justifier deux ou trois dispositions qui ne dérogent qu'en apparence aux maximes que je cherche à faire prévaloir, ainsi qu'à indiquer d'après quelles bases j'ai supputé la prime à offrir aux porteurs des rentes 4 pour cent et 3 pour cent, pour racheter le privilége d'origine attaché à leurs titres, et qui les autorise à exiger du Trésor qu'il emploie annuellement une certaine somme à les reprendre à des prix extrêmement onéreux aux contribuables. Mais, pour rendre plus intelligibles les explications de détail dans lesquelles j'aurai besoin d'entrer, je crois à propos de mettre dès à présent sous vos yeux le texte de ma proposition.

Article premier.

Les rentes *cinq pour cent* existant au 22 septembre 1838 (y compris celles qui proviendraient de l'échange autorisé par l'article suivant) ne pourront, d'aucune manière, être sujettes à remboursement ou à réduction pendant la période de vingt ans qui commencera audit jour.

Si, avant le 22 septembre 1858, il n'intervient aucune loi qui en dispose autrement, ce délai sera de droit prorogé de vingt autres années.

Art. 2.

A partir du jour de la promulgation de la présente loi jusqu'au 1er septembre prochain exclusivement, les porteurs de rentes *quatre et demi pour cent, quatre pour cent, et trois pour cent,* seront admis à échanger leurs inscriptions contre de nouvelles intitulées *cinq pour cent,* avec jouissance du 22 du même mois. Cette substitution aura lieu aux conditions ci-dessous énoncées :

Le montant de chaque inscription nouvelle sera au montant de celle présentée à l'échange dans l'un des rapports suivans.

En ce qui regarde les inscriptions intitulées *quatre et demi pour cent,* la nouvelle sera de la même somme que l'ancienne.

A l'égard des inscriptions intitulées *quatre*

pour cent, la somme de rentes portée sur la nouvelle sera supérieure d'un quarantième à celle portée sur l'ancienne.

L'augmentation sera d'un douzième sur les inscriptions délivrées en échange de celles intitulées *trois pour cent.*

Art. 3.

L'ordonnance royale qui réglera le mode d'exécution de la présente loi stipulera les délais de faveur et autres dispositions nécessaires pour faire jouir du bénéfice de l'échange les inscriptions qui, par des circonstances de force majeure, ne pourraient être présentées avant le 1er septembre 1838.

Art. 4.

Si, audit jour, il existe des rentes de l'une des espèces rappelées dans l'article 2, dont les inscriptions n'aient pas été rapportées pour être échangées, il sera affecté annuellement aux opérations de la Caisse d'amortissement un fonds qui sera réduit aux proportions nécessaires pour représenter le centième du capital nominal de chacun de ces reliquats. Ce fonds, pendant la période qui finira au 22 septembre 1858, ne pourra être diminué que du centième du capital nominal des inscriptions qui seraient échangées postérieurement au 1er septembre prochain soit en vertu de l'article précédent, soit en vertu d'une loi spéciale.

Art. 5.

La Caisse d'amortissement conservera, sur le grand-livre, une rente perpétuelle *cinq pour cent*, égale aux deux millièmes du capital nominal des rentes de toute espèce, qui existeront au 22 septembre prochain. Cette réserve, qui s'accroîtra des arrérages échus et de ceux des rentes rachetées en vertu du présent article et du précédent, et qui sera régie par les dispositions de la loi du 10 juin 1833, formera, avec les avances que le Trésor fera au besoin à la Caisse jusqu'à concurrence du capital nominal de son titre, une dotation extraordinaire dont elle se servira pour opérer en conformité avec les dispositions de ladite loi, qui restera en vigueur en tout ce qui n'est pas contraire à la présente, et avec celles des deux paragraphes suivans.

Dès que le cours descendra dans le 5 pour cent, soit au-dessous du pair, soit au-dessous de quatre-vingt-dix francs, et dans les autres fonds au-dessous des limites correspondantes, la somme à employer sur chaque fonds ainsi déprimé sera calculée au prorata d'une allocation annuelle de *deux pour cent* de son capital nominal, dans le premier cas, et de *quatre pour cent* dans le second.

En aucun cas, la Caisse ne pourra donner pour chaque lot de rente de cinq francs, de quelque fonds qu'il provienne, un prix inférieur à quatre-vingts francs augmentés du montant des arrérages échus du semestre courant.

ART. 6.

Tous fonds affectés à la Caisse d'amortissement, au-delà des limites établies par les articles 4 et 5, seront mis immédiatement à la disposition du Trésor pour en être fait l'emploi qui serait déjà prévu par la législation existante, ou, à défaut, celui qui sera ultérieurement déterminé par une loi.

ART. 7.

A l'égard de toutes les rentes perpétuelles qui seront inscrites à l'avenir sur le grand-livre, et jusqu'à ce qu'il ait été fait sur cette matière une loi organique, il est déclaré par la présente que la faculté de remboursement ou de réduction de l'intérêt n'existera qu'autant qu'elle aura été expressément et formellement réservée à l'État par la loi qui en autorisera la création, et rappelée sur les extraits du grand-livre, délivrés aux ayans-droit. L'omission de cette réserve vaudra renonciation.

ART. 8.

Il n'est pas dérogé par la présente loi à ce qui est prescrit par l'article 4 de chacune des lois du 31 mars 1837 sur les fonds provenant des caisses d'épargne, et du 17 mai 1837 sur les travaux publics.

Art. 9 (et dernier).

Tous titres, actes et expéditions à produire pour l'échange des rentes quatre et demi, quatre et trois pour cent, autant qu'ils serviront uniquement aux opérations nécessitées par la présente loi, seront visés pour timbre et enregistrés gratis, pourvu que cette destination y soit exprimée.

––––––

Le délai stipulé dans l'article premier éloigne assez la possibilité d'un remboursement ou d'une réduction d'intérêt pour assurer aux créanciers de l'État tous les avantages que les adversaires de ces mesures ont à cœur de leur conserver, et pour rendre immédiatement toute leur élasticité aux cours des rentes, quelque nom qu'elles portent ; d'un autre côté, la concession de ce délai m'a paru nécessaire dans l'état des esprits et des connaissances générales. On peut accepter la proposition d'une expérience pour un temps limité; on n'aurait pas consenti peut-être à l'abandon d'un système long-temps et chaudement soutenu. Enfin quand on entre dans une voie nouvelle, il n'y a jamais d'inconvénient à se réserver le moyen de profiter des leçons du temps.

La disposition qui conserve la dénomination

de *cinq pour cent*, et celle qui laisse la faculté d'introduire dans les constitutions des rentes à venir la condition du remboursement ou de la réduction d'intérêt, ne sont que des conséquences nécessaires de la première concession. Vous remarquerez d'ailleurs, Messieurs, que pour éviter de nouvelles incertitudes et pour agir d'une manière plus conforme aux règles de la justice, il est déclaré que les clauses onéreuses aux créanciers de l'État ne pourront pas être sous-entendues ; elles devront résulter de termes exprès répétés sur les titres.

J'avais reconnu, et personne, je crois, ne conteste que l'engagement du Trésor de donner jusqu'à 100 francs (valeur principale) d'une rente de 4 francs ou d'une de 3 francs, constitue à l'égard des rentes 4 pour cent et 3 pour cent un privilége d'origine réellement profitable aux porteurs d'inscriptions de ce nom , mais , vous en êtes, j'espère, complétement convaincus maintenant, très onéreux aux contribuables. Le seul moyen de concilier tous les intérêts me paraît être de racheter aux premiers leur privilége à un prix équitable, suffisant pour déterminer leur consentement, et calculé de façon néanmoins à procurer aux seconds un soulagement considérable ; cette dernière condition est largement remplie : à côté d'une augmentation de 2,206,468 fr. dans le montant de la

dette inscrite, se trouverait une réduction de
18,318,816 fr. dans celui des dépenses annuelles de l'amortissement ; à l'égard des rentiers, j'ai l'espoir qu'ils profiteront avec empressement de l'offre qui leur est faite, car chaque
inscription de 40 fr. vaudra 41 fr. de rentes; et
quand le 5 pour cent sera à 125 fr., son cours
atteindra 102 fr. 50 c. (le Trésor avait reçu
102 fr. 0 75^m), et 106 fr. 50 si le 5 pour cent
touche à 130 fr. Quant aux *trois pour cent*, qui
doivent une grande partie de leur plus-value au
secours, exclusif par le fait, de l'amortissement,
en portant à 3 fr. 25 c. chaque rente de 3 fr.,
ils retrouveront leur cours actuel de 81 fr. Veuil-
lez remarquer de plus que les avantages ainsi
accordés aux rentes des deux espèces seront
permanens, puisque la plus-value du capital
aura à toujours pour base l'accroissement du revenu.

Les porteurs de *quatre et demi pour cent* ont
depuis treize ans touché 6 fr. et demi de plus de
revenu que ceux du 3 pour cent, mais en re-
vanche ils ont vendu 97 fr. la somme de rente
dont ces derniers ont retiré 109 fr. 75 c.; c'est
une perte de 165 fr. 75 c. sur le capital; les
rembourser serait préjudiciable à toutes les parties intéressées ; les réduire serait injuste et dur;
leur laisser le même revenu en leur rendant la
liberté de vendre à 112 fr. 50 c. , c'est leur faire

des conditions convenables pour libérer le Trésor d'une dépense annuelle de 30 à 40 mille fr.

L'État gagnera en outre aux mesures proposées à l'égard de ces trois fonds l'avantage de n'avoir qu'un même *maximum* pour tous les rachats. Quant à la fixation de celui-ci à 100 fr. pour 5 fr., elle est déjà justifiée par tout ce que j'ai dit sur les effets de l'amortissement. Mais l'établissement encore inusité, je crois, d'un *minimum*, en a d'autant plus besoin d'être expliqué, aussi bien que la conservation d'une réserve dont l'utilité semble être paralysée par cet établissement même. Voici, Messieurs, quel est le but, et j'espère quel sera le résultat de cette combinaison.

A mon avis, c'est poursuivre une chimère que chercher un profit dans le rachat d'une rente perpétuelle ; il n'arrivera jamais, et moins encore après qu'avant la menace d'une réduction, qu'elle soit constituée à un taux d'intérêt assez élevé pour qu'il offre un bénéfice à faire sur le taux du profit que les contribuables peuvent en tout temps retirer des sommes qui restent entre leurs mains et qui y fructifient de tant de manières diverses. Le temps me manque pour prouver l'exactitude de cette assertion, qui d'ailleurs est probablement déjà justifiée à vos yeux par vos propres observations. Je me bornerai à vous prier de relire d'abord ce qui est dit plus haut

du sort d'une rente et d'une ferme achetées toutes deux au même prix , et ensuite de vous reporter en esprit aux époques où les crises com-
merciales ou politiques amènent la rareté et le
renchérissement des capitaux métalliques. Ces
momens seraient-ils bien choisis , je le demande,
pour employer en spéculations sur la rente, des
impôts que l'État recueille avec difficulté, dont
les contribuables se dessaisissent avec tant de re-
grets lorsque ces deniers leur seraient si utiles, et
que réclament souvent les besoins les plus impérieux ou les usages les plus importans ?

A quoi donc servira un fonds d'amortissement
dans les temps difficiles dont je parle? A soutenir
le crédit ou à le relever promptement, afin de
ménager à l'État la chance de se procurer des
fonds par des négociations beaucoup moins désavantageuses que par le passé ; à prévenir la
ruine de ceux qui ont lié leurs intérêts au sien ;
à empêcher, autant qu'il dépend de lui , une destruction considérable de valeurs capitales dans
le moment même où il s'en cache , où il en émi-
gre , où il en périt un si grand nombre ; c'est
pourquoi il importe que son action se fasse sen-
tir avec force dès qu'il commence à fonctionner,
et qu'elle augmente dans une proportion plus
que double (5 à 12 $\frac{1}{2}$) quand la dépression continue. Il y a tout lieu de croire qu'en dernière
analyse , on aura de la sorte beaucoup moins dé-

pensé en rachats, que si l'on eût agi timidement et laissé tomber les rentes à des cours déplorables, dans l'espoir de profiter de la détresse et de la terreur des rentiers ; car, dès que ceux-ci seront assurés de trouver un peu plus tôt ou un peu plus tard à réaliser à 80 fr., pourquoi se presseraient-ils toutes les fois qu'il leur sera possible d'attendre ? Vous ne verrez plus de panique faire affluer les inscriptions à la Bourse, et la peur être elle-même la cause des désastres auxquels elle voulait se soustraire ; il ne s'opérera que des transferts indispensables, et d'un autre côté les personnes qui voudront saisir cette occasion de faire un placement avantageux de fonds disponibles, n'en seront plus détournées par la prudence, car les prix voisins de 80 fr. ne leur laisseront que de très faibles risques de perte sur le capital, tandis qu'elles auront devant elles la perspective d'un bénéfice probable de 40 à 50 pour cent ; leur empressement à rechercher des titres dont les détenteurs ne se déferont que s'il y a pour eux nécessité absolue, formera, avec le jeu puissant de l'amortissement, un concours d'influences bienfaisantes qui fera bientôt remonter les cours à la limite par-devers laquelle cessera pour la rente le besoin d'un secours, et pour les contribuables l'obligation de le lui fournir. J'oserais presque prédire que dans cet ordre de choses l'État sera toujours celui qui trouvera des fonds à meilleur marché.

Il sera rarement exposé à se voir offrir moins de
80 fr. d'une rente de 5 fr.; et à des époques
tout-à-fait critiques où le numéraire vaudrait
plus cher, il pourrait faire deux parts du montant
de l'intérêt, et ne constituer en perpétuel que
celle qui rentrerait dans ces proportions. Veuil-
lez observer, de plus, que j'ai mis à profit les sages
dispositions de la loi de 1833 à l'égard de la réserve (car les bons et les faux principes se
trouvent étrangement accolés dans cet acte), et
qu'ainsi la Caisse n'enlèvera à l'impôt que les
sommes dont elle aura l'emploi immédiat.

En résumé, Messieurs les Pairs, le plan que
je soumets à vos lumières conservera intacts les
droits acquis des rentiers, et leur assurera tous
les avantages qu'ils peuvent désirer, soit qu'ils
aient en vue la fixité du revenu ou la mobilisa-
tion du capital; il procurera aux contribuables des
dégrèvemens réels à la place d'économies appa-
rentes qui, lorsqu'on va au fond des choses, se
changent en surcroît de charges et en affaiblis-
sement de la richesse publique; il consolidera
le crédit de l'État, et lui fera trouver les capitaux à des conditions avantageuses, même dans
les temps difficiles; enfin, il donnera à la nation
l'occasion de se former une idée juste de la nature d'une dette publique, et de comprendre
qu'un grand-livre de rentes perpétuelles peut
devenir pour elle une mine plus riche que toutes

celles du Nouveau-Monde ; que c'est dans cette mine que l'Angleterre a puisé les immenses ressources à l'aide desquelles elle a pu concevoir et mener à bien de si vastes entreprises, tout en amassant les énormes capitaux dont se compose sa richesse nationale ; qu'enfin, une prospérité générale sans exemple, et une puissance à l'abri de toute agression, est réservée à tout grand peuple qui aura l'intelligence complète de cette vérité, et la prendra pour base de son système financier.

Mai 1838.

TABLEAUX

ANNEXES A LA PROPOSITION DE LOI

POUR

LA CONVERSION

DES

RENTES 4 $\frac{1}{2}$, 4 ET 3 POUR CENT

EN RENTES 5 POUR CENT.

4

N° I.

TABLEAU FIGURATIF

*D'une opération simulée de remboursement, ou conversion des Rentes 5 p. 0/0,
d'après un mode conforme à la résolution du 5 mai, en prenant pour base
la situation de la dette perpétuelle au 1er janvier 1838 (Moniteur du 7 avril).*

RENTES 5 p. 0/0 RACHETABLES.	SOMMES remboursées OU CONVERTIES.	SITUATION APRÈS L'OPÉRATION.		ATTÉNUATION.
		Dénominations.	MONTANT de chaque rente.	
134,577,637 (*a*)	9,043,973 (*d*)			9,043,973 (*q*)
24,436,061 (*b*)	65,000,000 (*c*)	4 1/2 p. 0/0 (*i*)	58,500,000 (*i*)	6,500,000 (*r*)
	36,097,603 (*f*)	4 p. 0/0 (*k*)	31,300,760 (*k*)	4,796,843 (*r*)
110,141,576 (*c*)				
	110,141,576 (*c*)		89,800,760 (*n*)	20,340,816 (*s*)
	24,436,061 (*b*)	5 p. 0/0 (*l*)	24,436,061 (*l*)	
		4 p. 0/0 (*m*) ⎫	2,550,426	
	134,577,637 (*a*)	4 1/2 p. 0/0 ⎬ ancien.	900,392 (*m*)	
	29,163,321 (*g*)	3 p. 0/0 ⎭	25,712,503	
			143,400,142 (*p*)	143,400,142 (*p*)
	163,740,958 (*h*)			163,740,958 (*h*)

NOTES EXPLICATIVES DU TABLEAU I.

(*a*) Déduction faite de 12,540,978 fr. inscrits au nom de la caisse d'amortissement.

(*b*) Montant des rentes exceptées provisoirement en vertu de l'art. 4, et conformément au tableau I de l'annexe au rapport de M. Antoine Passy.

(*c*) Total des rentes à rembourser ou à convertir.

(*d*) Portion remboursée à l'aide de la réserve de l'amortissement et d'une émission de cent millions de bons du Trésor.

(*e*) Portion réduite au moyen d'une conversion en $4\frac{1}{2}$ pour 100 au pair.

(*f*) Portion convertie en 4 pour 100 à 92 f. 26 cent., ou remboursée avec le produit d'une négociation de rentes 4 pour 100 vendues à 92 f. 26 cent.

(*g*) Montant des anciens fonds 4 et $4\frac{1}{2}$ pour 100 et du 3 pour 100.

(*h*) Total de la dette inscrite au 1er janvier 1838, distraction faite des rentes appartenant à la caisse d'amortissement, et des 4,092,647 fr. de rentes 4 pour 100 inscrits, en 1837, au nom de la caisse des dépôts et consignations.

(*i*) Conversion au pair non remboursable pendant douze ans.

(*k*) Conversion ou négociation à 92 fr. 26 cent.

(*l*) Montant du reste en rentes 5 pour 100.

(*m*) Ces deux fonds ne se confondent pas avec les deux autres de même nom, parce qu'ils ont une part différente du fonds d'amortissement. Pour le 4 pour 100, *voyez* aussi la note *h*.

(*n*) Montant des deux fonds créés pour l'opération.

(*p*) Situation nouvelle. (*Voyez* la note *h*.)

(*q*) L'atténuation est complète sur le chiffre de la rente; mais elle est compensée pour les contribuables, dans le rapport de 3 à 5, par l'intérêt des 180,879,471 fr. en bons du Trésor dont 80,879,471 fr. provenant de la réserve de l'amortissement.

(*r*) Voyez les observations générales.

(*s*) Total de l'atténuation du chiffre de la dette inscrite.

OBSERVATIONS GÉNÉRALES.

La Conversion remplit ainsi les conditions de l'art. 2. Le $4\frac{1}{2}$ au pair donne une diminution de 50 cent.; celle en 4, une d'un peu moins de $66\frac{1}{2}$ et une augmentation d'un peu plus de 8 francs 389 millièmes par 100 fr. sur le capital nominal (782,519,000 fr., au lieu de 721,952,060 fr. *Voyez* le tableau II).

J'ai supposé que, conformément au vœu exprimé à la tribune, la plus grande partie de la conversion aurait lieu en $4\frac{1}{2}$ au pair.

Le capital nominal de toute la dette inscrite est diminué, d'une part, de 180,879,460 fr., et de l'autre, augmenté de 60,566,940 f. Atténuation effective, 120,312,520 f.

RÉPARTITION

Conformément à l'article 6 du projet officiel, des 72,694,894 fr. de l'amortissement (situation du 1er janvier 1838) entre les divers fonds composant la dette après l'opération.

SITUATION PRIMITIVE.			SITUATION NOUVELLE.				
Fonds.	Capital nominal.	Part d'amortissement.	Fonds.	Capital nominal.	Part d'amortissement.	Réserve (h).	Fonds actifs (i).
4 ½ 4 3 (*) }	940,852,794	18,829,172 {	d° d° d°	20,008,711 (a) 63,760,650 (a) 857,083,433 (a)	400,431 (f) 1,276,034 (f) 17,152,707 (f)	367,675 142,681	32,756 1,133,353 17,152,707
				940,852,794 (a)	18,829,172		
5	(a) 2,691,552,740	53,865,722 {	5 °/₀ restant 4 ½ nouveau 4 nouveau	488,721,220 1,300,000,000 (b) 782,519,000 (c)	10,238,375 (d) 27,234,110 (d) 16,393,237 (d)	10,238,375 (g) 20,582,110 25,003,636 {	{ 6,652,000 2,230,474 16,393,237
			Report...	2,571,240,220 (d) 940,852,794 (a)	53,865,722 18,829,172		
(a) 3,632,405,534	72,694,894			3,512,093,014 (e)	72,694,894 ..	{ 31,330,841 36,942,527 (g)	41,364,053 35,752,367

NOTES EXPLICATIVES DU TABLEAU II.

(a) Rapport approché, $2\,\frac{1288}{1000000}$.

(b) Converti au pair, et non remboursable pendant douze ans.

(c) Converti ou négocié à 92 fr. 26 cent.

(d) Rapport approché, $2\,\frac{94931}{1000000}$.

(e) Atténuation de 120 millions. Que devient en face de ce résultat le système de remboursement par voie d'emprunt?

(f) J'ai conservé les rapports résultant des opérations de 1837.

(g) La dépense effective porte sur les douze premières années; elle se réduit à 2,230,474 fr. pour les années suivantes. Cette distinction est fondée sur la comparaison de ce qui s'est passé pendant les dix ans de grâce accordés à l'ancien $4\frac{1}{2}$ pour 100, et postérieurement.

(h) Payable en bons spéciaux du Trésor.

(i) Payable en numéraire.

N° III.

AMORTISSEMENT COMPLET,

*En 26 ans et presque 11 mois, des nouvelles rentes 4 pour 0/0,
montant à 31,300,760 fr. (Voyez N°. I.)*

Coût de 31,300,760 fr. de rente à 22 fr. 50 c. p. 1 fr. (cours moyen de 90 fr. 4 ½ p. 0/0). (c)....................	704,267,100 fr.
Fourni { par la dotation annuelle de 16,393,237 fr. 441,114,686 fr. { par les arrérages des rentes rachetées.... 263,152,414	
Montant des arrérages pendant la période ci-dessus (26 ans ½).................... 829,470,140	
Arrérages comptés aux rentiers.—Différence avec.................... 263,152,414	566,317,726
Dépense totale à la charge des contribuables..........	1,270,584,826
Déduction totale des arrérages que les rentiers auraient touchés si l'on n'eût pas amorti....................	829,470,140
Surcharge égale à la dotation de l'amortissement......	441,114,686
Perte, pour les contribuables, des intérêts composés, à 4 p. 0/0 l'an (b), des 16,393,237 fr. déboursés annuellement par eux sur une période de 54 semestres (a).......	245,808,250
Perte totale pour les contribuables au bout de 27 ans...	686,922,936

NOTES EXPLICATIVES DU TABLEAU III.

(*a*) Courant du commencement du premier semestre pour tenir compte du temps écoulé entre la perception de l'impôt et son emploi.

(*b*) Si l'intérêt avait été calculé à 4 fr. 44 cent. $\frac{4}{9}$ pour 100, comme pour les rachats, le montant serait 273,415,343 fr.; ce qui élèverait le chiffre de la perte à 714,530,000 fr.; et ainsi les 704,267,100 fr. dépensés pour amortir seraient entièrement perdus pour les contribuables de cette période, sans aucun profit pour ceux de la période suivante, puisque la somme de 714,530,000 fr. ci-dessus représenterait, au taux de 4 fr. $\frac{1}{2}$, un revenu égal à la rente amortie.

Si néanmoins j'ai pris pour base le taux de 4 pour 100 dans l'évaluation de ce que rapporte aux contribuables une somme laissée entre leurs mains, c'est uniquement pour dégager le calcul de toute espèce de complication, et prévenir toute controverse. En réalité, le taux du loyer d'une somme est un *minimum*; c'est le chiffre du moindre profit qu'on puisse tirer de l'usage à en faire. La preuve en est dans le fait même de l'emprunt. Car, exception faite des personnes qui ne cherchent dans une telle opération qu'un moyen de différer un remboursement réel, qui se chargerait de faire valoir un capital pour le seul bénéfice d'autrui? Celui qui prend une somme à loyer, compte évidemment lui faire produire de quoi suffire à faire deux parts : la première pour le prêteur, la seconde, qui d'ordinaire est la plus forte, pour lui-même.

Ici se représente aussi de lui-même l'exemple de la ferme et de la rente, cité p. 18. Au bout de quarante ans, le propriétaire s'est trouvé avoir touché, en fermages, 40,000 fr. de moins qu'en arrérages ; mais, depuis le renouvellement du bail, il a 1,000 fr. de plus par an, et, s'il voulait vendre, réaliserait *quatre* capitaux pour *un*. Il aurait pu porter à 5,000 fr. son revenu en rentes sur l'État, en plaçant 1,000 fr. par an à intérêts composés; mais ce revenu, même en 3 pour 100, ne représenterait qu'un capital de 115,000 fr. Le placement des 50,000 fr. en ferme a donc été clairement plus profitable que l'autre.

(*c*) Ce cours équivaut à celui de 112 fr. 50 c. pour 5 fr. Les calculs ayant pour base, comme l'avaient, je crois, ceux des auteurs du Projet officiel, une période pendant laquelle les variations du cours n'amèneraient jamais les conditions nécessaires pour la reprise des rachats en 5 pour 100. La cote de 112 fr. 50 c. est une moyenne entre celle correspondante à la limite inférieure et celle de 125 fr., en considérant que les cours se tiendraient le plus habituellement à une certaine distance des deux extrêmes.

Nº IV.

AMORTISSEMENT COMPLET,

En une période égale, à peu de jours près, à 23 ans, des 25,712,503 f. de rentes 3 pour 0/0. (Voyez Nº. I.)

Coût de 25,712,503 fr. à 23 fr. pour 1 fr. (cours moyen de 69 fr. (*b*), équivalant à 4 fr. 34 c., 78 pour 0/0)........	591,387,569 fr.
Fourni { par la dotation annuelle, à 17,152,707 fr.. 394,470,837 fr. { par les arrérages des rentes rachetées.... 196,916,732	
Montant des arrérages pendant 23 ans (*a*)... 591,387,569	
Arrérages comptés aux rentiers.—Différence avec...................................... 196,916,732	394,470,837
Dépense totale à la charge des contribuables..........	985,858,406
Déduction du total des arrérages que les rentiers auraient touchés si l'on n'avait pas amorti.......................	591,387,569
Surcharge égale à la dotation de l'amortissement......	394,470,837
Perte pour les contribuables, des intérêts composés à 4 p. 0/0, pendant 46 semestres (voyez la note *b* du tableau III), des 17,152,707 fr. dépensés annuellement....	187,387,658
Perte totale pour les contribuables au bout de 23 ans...	581,838,495

(*a*) La parité de ce chiffre et du coût des rachats est produite par la coïncidence fortuite d'un cours moyen à 23 fr. et d'une période d'extinction de *vingt-trois* ans.

(*b*) Le cours du 3 pour 100 jouit toujours d'une plus-value en raison du privilége indiqué par son nom. C'est pourquoi j'ai adopté 23 fr. pour 1 fr., au lieu de 22 fr. 50 cent., cours moyen des opérations sur les autres fonds.

N° V.

COMPTE DES CONTRIBUABLES

Pour la période de vingt-sept ans , nécessaire à l'extinction du nouveau 4 pour cent. (Voir Tableau N° III.)

PREMIÈRE PARTIE. — *Déboursés.*

CHAPITRE Ier. — *Service des Rentes.*

	fr.	fr.
1°. Montant, pour 27 ans, des arrérages d'une rente de (*voir le Tableau Ier.*).....	163,740,958	4,421,005,866
2°. Produit, pour *dito*, de la réduction (*voir le Tableau Ier*).................	20,340,816	549,202,032
3°. Restant à payer pendant une période de 23 ans, nécessaire à l'extinction du 3 p. $\frac{0}{0}$. (*voir le Tableau IV*)................	143,400,142	3,298,203,266
4°. Reste à payer en 4 ans, après l'extinction des......	25,712,503	
de rentes 3 p. $\frac{0}{0}$. le montant d'une rente annuelle de....................	117,687,639	470,750,556
Total des arrérages à servir pour les contribuables en 27 ans..............		3,768,953,822

CHAPITRE II. — *Service de l'Amortissement.* (a)

	fr.	fr.
5°. Montant, pour 27 ans, d'une dotation annuelle de........................	16,393,237	
affectée au 4 p. $\frac{0}{0}$ nouveau (*voir le Tableau III*) jusqu'à son extinction.......	441,114,686	
6°. *Dito, dito,* de la portion active du fonds affecté à l'ancien 4 et demi p. $\frac{0}{0}$, à raison de 32,756 fr. par an (*voir le Tableau II*)..	884,412	
7°. *Dito, dito,* de la portion active du fonds affecté à l'ancien 4 p. $\frac{0}{0}$ (*voir le Tabl. II*), à raison de 1,133,353 fr. par an........	30,600,531	
8°. *Dito,* pour 23 ans, d'une dotation annuelle de 17,152,707 fr. affectée au 3 p. $\frac{0}{0}$. (*voir le Tabl. IV*), jusqu'à son extinction.	591,387,569	1,177,268,308
9°. Montant de la portion active de dotation annuelle affectée au nouveau 4 et demi p. $\frac{0}{0}$ (*voir le Tableau II*), à raison, pour les 12 premières années, de 6,652,000 fr..... 79,824,000 et de 2,230,474 fr. pour les 15 années suivantes........ 33,457,100	113,281,110	
Total à reporter.....		4,946,222,130

(a) Le cours moyen de cette période est supposé de 90 fr. pour 4 fr. de rentes , excepté dans le 3 p. $\frac{0}{0}$, où il est est estimé à 92 fr. (*voir* le Tableau 4.)

Suite de la PREMIÈRE PARTIE. — *Déboursés.*

fr.

Report........... 4,946,222.130

CHAPITRE III. — *Intérêts à servir.*

10°. Montant, pour 27 ans, des intérêts, à
3 p. ⁰/₀ l'an (*a*), des.................... 180,879,471
de bons du Trésor, négociés pour le remboursement d'une portion de rentes 5 p. ⁰/₀.
(*voir* le Tableau Ier), à raison de....... 5,426,384   146,512,368

Total général des déboursés... 1,092,734,498

DEUXIÈME PARTIE. — *Non-valeurs.*

CHAPITRE Ier. — *Service de la Rente.*

11°. Produit, en 54 semestres, des intérêts
composés, à 4 p. ⁰/₀ l'an (*b*), d'une somme
de 163,740,958 fr......................... 2,455,212,384
12°. Produit, en 54 semestres, des intérêts
composés à 4 p. ⁰/₀ des 20,340,816 fr. de
rente.......................... 305,000,190
Montant de la réduction annuelle faite aux
créanciers de l'État.................... 2,150,212,194
13°. Produit, en 8 semestres, des intérêts
composés à 4 p. ⁰/₀ des 25,712,503 fr. de la
rente 3 p. ⁰/₀ amortie au bout de 23 ans.. 9,329,039
14°. Solde des intérêts composés perdus par
les contribuables. 2,140,883,155

CHAPITRE II. — *Service de l'Amortissement.*

15°. Produit à 4 p. ⁰/₀, en 54 semestres, des
intérêts composés des 16,293,237 fr.,
32,756 fr. et 1,133,353 fr. des art. 5, 6 et 7. 263,293,460
16°. Produit, en 46 semestres, à 4 p. ⁰/₀, des
intérêts composés des 17,152,707 fr, de
l'art. 8............................... 187,367,658

Sommes à reporter........ 450,661,118   2,140,883,155

(*a*) La nécessité de fixer chaque année une limite à la dette flottante, et celle de calculer ce *maximum* de façon à ne pas gêner l'exercice d'une faculté très précieuse pour le service, dont elle assure la régularité continue, m'auraient autorisé à supposer, soit une prompte consolidation de ces bons du Trésor, soit un retrait prochain au moyen d'excédans de recettes. Dans l'un ou l'autre cas, le taux de l'intérêt à porter en compte n'aurait pas pu être inférieur à 4 pour 100. Mais pour simplifier le calcul et en écarter tout élément conjectural qui n'en est pas un élément nécessaire, j'ai attribué à l'opération tous les bons qui seraient négociés pour les autres besoins, jusqu'à concurrence de 180,879,471 fr., après la consolidation ou le remboursement de ceux dont il est ici question.

(*b*) *Voyez* la note *b* du Tableau III.

Suite de la DEUXIÈME PARTIE, CHAPITRE II.

	fr.	fr.
Report.........	450,661,118	2,140,883,155

17°. Produit des intérêts composés, à 4 p. %, des 6,652,000 f., et 2,230,474 f. de l'art. 9, en 24 semestres, pour la première, soit............... 20,141,293
En 30 semestres, pour la seconde, soit............... 10,469,643 } 30,610,936

18°. Intérêt simple, à 4 p. %, pendant 30 semestres, de la somme de 99,965,293 fr., composée de 79,824,000 fr., montant des 6,652,000 fr. dépensés pendant les 12 premières années (art. 9), et des 20,141,293 fr. de l'art. 17, à 3,998,611 fr. par an....... 59,979,165

19°. Produit, en 29 semestres, des intérêts composés, à 4 p. %, des 3,998,611 fr. de l'art. 18........................... 17,557,830

20°. Intérêt simple, à 4 p. %, pendant 8 semestres, de la somme de 778,755,227 fr., composée des 591,387,569 fr., dépensés sur le 3 p. % pendant les 46 premiers (art. 8), et des 187,367,658 fr. de l'art. 16, à raison de 31,150,209 fr. par an............... 124,600,836

21°. Produit, en 7 semestres, des intérêts composés, à 4 p. %, des 31,150,209 fr. de l'art. 20........................... 8,787,944

Total des intérêts composés, perdus pour les contribuables............... 692,197,839

CHAPITRE III. — *Intérêts à servir.*

22°. Produit, en 107 trimestres, des intérêts composés, à 4 p. %, des 5,426,384 fr. du nᵛ 10........................... 79,161,059

Total général des non-valeurs....... 2,912,242,053
Rappel du total général des déboursés. 5,092,734,498

Total des charges des contribuables, à la fin de la 27ᵉ année............. 8,004,976,551

N° VI.

TABLEAU FIGURATIF

D'une opération simulée de conversion des trois autres rentes en rentes 5 p. 0/0, exécutée conformément aux dispositions de la proposition de loi insérée pages 36 à 40.

SITUATION AU 1ᵉʳ JANVIER 1838. V. le Tableau I.		SITUATION NOUVELLE (a).		ACCROISSEMENS.		
FONDS.	SOMMES.	FONDS.	SOMMES.	RAISON.	SOMMES.	
5 p. 0/0	134,577,637	5 p. 0/0	134,577,637	»	»	
4 1/2	900,392		900,392	» (b)	»	
4	2,550,426		2,614,186	1/40ᵉ (b)	63,760	
3	25,712,503		27,855,211	1/12ᵉ (b)	2,742,708	
	163,740,958		165,947,426	$\frac{1}{74\,2095}$	2,206,468	

(a) Elle suppose la conversion complète des 3 fonds en 5 p. 0/0. C'est l'hypothèse qui me paraît probable, sauf quelques exceptions de trop peu d'importance pour en compliquer le tableau.

(b) Article 2, paragraphes 3, 4 et 5.

N° VII.

COMPTE

Des Contribuables pour la période de 27 ans à laquelle se rapporte le Tableau V, après l'opération simulée dans le Tableau VI.

PREMIÈRE PARTIE.

DÉBOURSÉS.

1°. Montant de 27 années d'arrérages de la dette (situation du 1er janvier) à 163,740,958 fr.................... **4,421,005,866 fr.**

2°. Produit de l'accroissement de 2,206,468 fr. de rentes (*Voy*, Tableau VI.)..... **59,574,636**

Total général des déboursés... **4,480,580,502 fr.**

DEUXIÈME PARTIE.

NON-VALEURS.

3°. Produit des intérêts composés de 163,740,958 fr. (*Voy*. Tableau V, n° 11.)........................... **2,455,212,384 fr.**

4° Produit des intérêts composés, à 4 pour 100, en 54 semestres, des 2,206,468 fr. du n° 2............................ **33,084,176**

Total général des non-valeurs.......... **2,488,296,560**

Rappel du total général des déboursés.. **4,480,580,502**

Total général des charges des contribuables à la fin de la 27e année............... **6,968,877,062 fr.**

N° VIII.

RÉSULTATS COMPARÉS

Des deux Systèmes (Période de **27** ans).

<table>
<tr><td>1°. Total des déboursés dans le Tableau v
(Projet officiel)..................... 5,092,734,498^f</td><td></td></tr>
<tr><td>2°. *Dito* dans le Tableau vii (Proposition). 4,80,580,502</td><td></td></tr>
<tr><td>Différence en faveur des contribuables
d'après le Tableau vii.............. —————— 612,153,996^f</td><td></td></tr>
<tr><td>3°. Total des non-valeurs d'après le
Tableau v....................... 2,912,242,253</td><td></td></tr>
<tr><td>4°. *Dito* dans le Tableau vii........... 2,488,296,560</td><td></td></tr>
<tr><td>Différence en faveur des contribuables
d'après le Tableau vii............. —————— 424,945,493</td><td></td></tr>
<tr><td>Différence totale en faveur des contri-
buables, d'après le Tableau vii................. 1,036,099,489^f</td><td></td></tr>
</table>

Nota. Le temps me manque pour ajouter à cet écrit deux tableaux propres à le compléter, mais dont la production n'est pas indispensable pour éclairer votre jugement. Dans l'un, j'aurais essayé l'estimation des pertes indirectes que l'opération occasionnerait évidemment aux contribuables pendant la même période de vingt-sept ans ; dans le second, j'aurais entrepris d'établir la situation des contribuables à la fin de la deuxième année qui suivra cette période.

Je me borne aujourd'hui à tirer de l'examen des Tableaux V et VII une preuve qui me paraît concluante, à l'appui de l'assertion émise, p. 44, au sujet de l'amortissement, auquel je crois chimérique de demander une atténuation directe des charges des contribuables, et qui n'est, selon moi, qu'un moyen de crédit nécessaire pour soutenir, dans des momens critiques, la valeur des effets publics, et pour mettre l'État en position d'obtenir des capitaux à meilleur compte dans l'intérêt des contribuables. En effet, retranchez du compte (tableau V) les articles relatifs à l'opération du remboursement et de la conversion, il ne restera que les résultats produits par l'amortissement : les sommes à déduire des bénéfices sont celles n°s 2 et 10, montant ensemble à...................... 854,202,222 fr., et celles à déduire des pertes sont les n°s 10 et 22, montant à..................... 225,672,427

C'est donc un solde de..... 626,528,795 fr. à ajouter au chiffre total des pertes qui, d'après le Tableau VIII, est de......... 1,036,099,489 et se trouverait ainsi élevé, pour les vingt-sept ans, à... 1,662,628,284 fr., somme énorme, dont le revenu, calculé sur le pied de 4 pour 100 seulement (échelle fort au-dessous de la réalité, comme on l'a vu dans la note *b* du Tableau IV), excéderait de neuf millions et demi à peu près le montant des rentes éteintes, et cependant je n'ai pas, je m'en aperçois, ajouté à cette somme les 59,574,636 fr. et les 33,084,176 fr., montant des n°s 2 et 4 du Tableau VII.

DE L'IMPRIMERIE DE CRAPELET,

RUE DE VAUGIRARD, N° 9.